HF326445
Yf 13009
YF 13009

BIBLIOTHÈQUE DU TINTAMARRE

SÉRAPHINE

DE V. SARDOU

RACONTÉE PAR

TOUCHATOUT

PARIS

PUBLICATIONS DE L'ECLIPSE

16, RUE DU CROISSANT, 16

1873

Yf 13009

PERSONNAGES

———

<table>
<tr><td>De Montignac, parrain d'Yvonne, avant la lettre ....</td><td>MM. Munié.</td></tr>
<tr><td>Le baron de Rozanges, vieux spahis, qui fait le salut de sa femme en mangeant de la morue ....</td><td>Fleury.</td></tr>
<tr><td>Plantrôse, gendre, qui fait le salut de sa belle-mère en faisant maigre nuit et jour ....</td><td>Larochelle.</td></tr>
<tr><td>Chapelard, sacristain panaché de Tartufe et de Veuillot ....</td><td>Roger.</td></tr>
<tr><td>Robert, gentilhomme accompli, qui insulte les ingénues en leur parlant d'amour..</td><td>Train.</td></tr>
<tr><td>Sulpice, panaché gandin et donneur d'eau bénite ....</td><td>Durnel.</td></tr>
<tr><td>Séraphine, femme du baron, qui a eu des faiblesses et en fait faire pénitence à sa famille ....</td><td>Mmes Roger-Solié.</td></tr>
<tr><td>Yvonne, fille de Séraphine, fait le salut de sa mère en confectionnant de la charpie pour les zouaves pontificaux ......</td><td>O. Vial.</td></tr>
<tr><td>Agathe, fille de Séraphine et femme de Plantrôse, fait le salut de sa mère en mortifiant son mari ....</td><td>Dereon.</td></tr>
</table>

ACTE PREMIER

—

Un salon très-sévèrement meublé, à peine
60,000 francs de meubles.

Robert. — Mon cher ami, je viens chez ta belle-mère
pour lui demander de me louer un petit appartement de
garçon que j'ai vu hier dans une maison dont elle est
propriétaire.

Planterose. — Ah! mon pauvre vieux! tu ne sais pas ce
que tu entreprends là!... ma belle-mère ne loue ses ap-
partements qu'à des membres de la Compagnie de Jésus.

Robert. — Bah!... c'est donc une bégueule?

Planterose. — Ecoute. Tu connais le procédé de M. Sardou, n'est-ce pas?... Il consiste à faire faire par l'acteur
qui se trouve en scène, au lever du rideau, une biographie de tous les personnages de la pièce; eh bien! dans
Séraphine, c'est moi *que je joue* les Vapereau... assieds-toi
donc et fais semblant de m'écouter; je vais t'apprendre,
sur l'intérieur de cette maison, tout ce que... le public
a besoin de savoir.

Robert. — Vas-y.

PLANTRÔSE. — D'abord, nous avons une belle-mère, la baronne Séraphine, qui était, il y a six ans, une femme à la mode, et qui s'est tout à coup toquée des sermons du père Hyacinthe, après avoir été folle des cascades de l'*idem* du Palais-Royal. J'ai toujours soupçonné ma belle-mère de vouloir faire pénitence de quelque bon gros péché de jeunesse; mais le plus rasant, c'est que, pour se punir d'avoir eu des indigestions, elle a pris à tic de vouloir mettre tout le monde à la diète. Ainsi, elle fait manger trois fois par semaine de la morue sainte à son vieux daim de mari, un ancien colonel de spahis; met ma femme sous clef, même pour moi, et se dispose à faire entrer Yvonne, son autre fille, au couvent, bien que celle-ci soit taillée pour les vœux monastiques comme Blanche d'Antigny pour le rôle de Jeanne d'Arc. Enfin, cet intérieur, excessivement folichon, se complète par une espèce de Basile, nommé Chapelard, directeur spirituél de la baronne, et un petit crevé de chœur du nom de Sulpice, élève dudit Chapelard, qui met de l'encens dans ses mouchoirs de poche et ne boit que du champagne bénit.

ROBERT. — Charmante maison !...

PLANTRÔSE. — Attends un peu... nous nous amusons ici à mourir... On dîne à la lueur des cierges...: au dessert, chacun dit son chapelet, et, enfin, on joue au loto au profit du denier de Saint-Pierre.

ROBERT. — Jamais la baronne ne voudra me louer mon appartement.

PLANTRÔSE. — J'en ai peur; enfin nous essayerons.... D'ailleurs, il faut que je te le dise : j'ai assez de cette vie et je veux me dérober à cette *odéonisation* que l'on pratique sur mon individu... j'ai résolu d'enlever ma femme... A propos, et toi, quand te maries-tu?

ROBERT. — Ah! j'y pense bien... figure-toi que tout à

l'heure je suivais trois femmes très-bien, quand tout à coup j'en vois une qui s'écarte furtivement et jette une lettre à la poste... Evidemment, un secret d'amour!... Or, je me suis dit : puisque cette ingénue a un amant, elle doit en prendre un autre, et je suis à sa recherche.

PLANTRÔSE. — Tu n'es qu'un polisson!...

Séraphine entre avec son mari, ses deux filles et quelques dames. — Présentations. — Robert demande à la baronne de lui louer son appartement.

SÉRAPHINE. — Mon Dieu!... monsieur, je ne demande pas mieux; et si vos billets de confession sont en règle...

Plantrôse cherche à faire la cour à Agathe, sa femme; Séraphine trouve toujours le moyen de couper leur entretien.

LE BARON. — Qu'est-ce qu'il y a à dîner ce soir?

SÉRAPHINE — De la morue.

LE BARON. — Nom d'un pétard!...

SÉRAPHINE. — Oh! baron!... et notre salut!

Robert, *à Plantrôse.* — Sapristi!... dis donc... ta belle-sœur Yvonne... je la reconnais .. c'est la petite à la lettre... (*A part.*) Ah!... Ah !... il y a un secret dans la maison... et comme je suis un jeune homme bien élevé, je vais faire espionner cette jeune fille pour le découvrir... et en profiter.

Un domestique. — La morue de madame la baronne est servie!...

Le baron, *furieux.* — Si je tenais le sacr...ipant qui a inventé ce poisson-là !...

Séraphine. — Allons, baron !... la morue est agréable au Seigneur !

La toile tombe.

ACTE DEUXIÈME

Même décor

Robert, *à Plantrôse.* — Eh bien ! tu sais l'aventure de la petite à la lettre... il y a une suite ; j'ai encore suivi l'innocente et je l'ai vue remettre un billet à une nourrice... Est-ce assez clair ?

Plantrôse. — Pardon !... pardon !... mais tu sais que c'est de ma belle-sœur que tu parles.

Robert. — C'est vrai... je conviens que cette scène est tout à fait invraisemblable ; mais rappelle-toi bien, dans les *Intimes*, il y en avait au moins six comme ça.

Plantrôse, *calmé.* — Tu as raison. (*Il sort*).

Yvonne entre en cherchant son étui à aiguilles.

Robert. — Pardon, mademoiselle !... Est-ce que vous avez perdu quelque chose ?

Yvonne. — Oui, monsieur. L'auriez-vous trouvé ?

Robert (*à part.*) — En voilà une question !...

Yvonne sort.

ROBERT. — Décidément cette petite est une rouée ; c'est de toute évidence, parce que... D'ailleurs, je dois me persuader que c'est de toute évidence, puisque c'est là-

dessus que l'auteur a bâti ses trois derniers actes. (*Apercevant un domestique*). Ecoute... si ce soir, à minuit, je trouve la porte d'Yvonne ouverte, il y a vingt-cinq louis pour toi.

LE DOMESTIQUE. — Ce que vous me proposez là est infâme, monsieur !... Donnez-moi cinquante louis, je n'ouvrirai pas cette porte, j'oublierai seulement de la fermer.

ROBERT. — La petite est à moi !... Suis-je assez gentilhomme !... et comme c'est nature au dix-neuvième siècle !...

SÉRAPHINE *entrant vivement, une carte à la main.* — Lui !... Henri de Montignac ici !... Quelle tuile !... Dites que je n'y suis pas !...

MONTIGNAC *entrant tout de même.* — Madame, j'arrive des Antilles et suis à Paris pour deux ou trois jours, je désirerais embrasser Yvonne, ma filleule.

SÉRAPHINE, *pâlissant.* — Impossible, monsieur, elle est à Vêpres.

YVONNE, *entrant.* — Ah ! bonjour, parrain !...

Montignac et Yvonne s'embrassent longuement.

SÉRAPHINE, *sèchement.* — Yvonne !... rentrez chez vous... et terminez le surplis de M. le curé de Saint-Roch.

MONTIGNAC, *à part.* — Ah ! ah !... C'est à ça qu'on occupe son temps !... Je reviendrai. (*Il sort*).

SÉRAPHINE, *seule, en proie à une violente colère.* — C'est trop fort !... Cet homme qui m'a perdue veut empêcher qu'Yvonne expie ma faute en entrant au couvent !... Mais, Dieu merci, j'ai du temps devant moi. (*Elle sonne*).

Séraphine, *à Chapelard qui arrive.* — Vite, Chapelard, mon ami, allez: trouvez-moi un couvent bien sûr... bien fermé... et que cette chère enfant y entre dès ce soir. Il n'y a pas un instant à perdre. En deux mots, voici l'histoire...: Cet homme, M. Montignac, est le père d'Yvonne.

Chapelard, *levant les yeux et les bras au ciel avec un geste de surprise et de douleur.* — Tiens !... c'est assez réussi !...

Séraphine. — Vous comprenez... il vient s'opposer à ce que je fasse expier par la fille le péché de sa mère !...

Chapelard. — Oh ! c'est odieux !...

Séraphine. — Vite, courez... et que ce soir Yvonne ait pris le voile !... (*Retenant Chapelard qui s'éloigne*). Ah ! à propos, cher ami, vous devez me trouver bien coupable!...

Chapelard. — Moi... mais pas du tout... Je trouve ça tout naturel.

Un domestique. — La morue de madame la baronne est servie !..

La toile tombe.

ACTE TROISIÈME

L'appartement d'Yvonne

PLANTRÔSE, *à Agathe, sa femme.* — Voyons, ma petite femme ; ta mère n'a pas de sens commun, on ne se marie pas pour se parler la nuit à travers des murs en pierre de taille. Je t'aime, pars avec moi, fuis la cathédrale paternelle... Viens...

AGATHE. — J'hésite, ami... Maman dit comme ça... qu'on ne peut se sauver qu'à force de continence... et de morue aux pommes de terre.

SÉRAPHINE *entrant vivement.* — Shoking !... que vois-je ! Ma fille en tête-à-tête avec mon gendre... Sortez !...

PLANTRÔSE, *exaspéré.* — Ah ! c'est comme ça... Eh bien ! madame, je vais de ce pas mettre dix-huit danseuses de l'Opéra dans leurs meubles... Au revoir !... (*Il part*).

SÉRAPHINE *à Agathe.* — Console-toi, chère enfant !... Et viens à Vêpres. Un mari de perdu... deux sermons de retrouvés. (*Agathe sort*).

YVONNE *entrant.* — Tu me demandes, maman ?

SÉRAPHINE. — Oui, cher ange... Te voilà en âge de te marier... n'est-ce pas ?

YVONNE. — Oui, maman.

SÉRAPHINE. — Eh bien... fais tes paquets... Tu entres ce soir au couvent.

YVONNE *avec douleur.* — Ciel !...

SÉRAPHINE *l'embrassant.* — Rassure-toi, cher trésor... c'est pour toute ta vie !...

Yvonne. — Mais, maman… je t'assure que je n'ai pas la moindre vocation…

Séraphine. — En es-tu sûre, chère idole !… Tâte-toi bien.

Yvonne *se tâte. Arrivant à la poitrine.* — Mais non, maman, pas la moindre, je te jure !…

Séraphine. — Eh bien, chère créature, tant mieux; tu n'en auras que plus de mérite. Fais ta malle. (*Elle sort*).

Yvonne *seule, et fondant en larmes.* — Elle est verte !…

Robert *entrant furtivement.* — Mademoiselle, je suis un gentilhomme, et la preuve, c'est que j'entre chez vous comme un voleur !… Je vous ai vue jeter clandestinement

des lettres à la poste, et comme je suis un gentilhomme, j'en ai conclu que vous étiez une cocotte… et en gentilhomme bien élevé, je viens pour vous déshonorer.

Yvonne *chancelant de terreur.* — Ah ! monsieur !… Est-ce bien délicat ce que vous faites là ! Ces lettres dont vous me parlez étaient adressées à mon parrain, pour qu'il me sauve du couvent.

Robert *se jetant à ses pieds.* — Ah !… cher ange !… pardonnez-moi… je suis bien coupable !… J'étais venu ici avec des intentions un peu canaille; mais devant tant de vertu et d'innocence, je redeviens gentilhomme !… Oh ! Yvonne, je vous adore pour le bon motif. (*A part*) Dieu !… que je dois être bête dans ce rôle-là.

Voix au poulailler. — Oh ! oui…

Robert. — Écoutez !… On va venir vous prendre pour vous conduire au couvent… Dites un mot, et je vous sauve !… Je vous emmène chez votre parrain, qui se trouve justement être mon oncle, c'est ça une veine !…

Yvonne. — Impossible !… Une jeune fille bien élevée ne s'échappe pas clandestinement la nuit de la maison paternelle sans le consentement de ses parents.

Robert. — Malheureuse! vous vous perdez... venez. (*Il veut l'entraîner; toute la maison accourt au bruit de la lutte*).

Le baron. — Monsieur Robert... que faites-vous chez ma fille à une heure du matin?

Yvonne. — Il n'est pas coupable, mon père... c'est moi.

Robert. — Ne l'écoutez pas, c'est moi... Je l'aime et vous demande sa main.

Séraphine. — C'est une drôle d'heure!

Le baron, *à sa femme*. — Au fait, il est bien, ce garçon...

Séraphine. — Taisez-vous, vieille ganache!... (*à Robert*). Sortez, monsieur. (*à Yvonne*). Et vous, en route pour le couvent. (*Yvonne sort.*)

Robert, *sortant*. — Ça ne se fera pas, je le jure!...

Séraphine. — Qu'on fasse venir Agathe.

Un domestique. — Madame Plantrôse est sortie de l'hôtel.

Séraphine. — Ah! la malheureuse!... elle sera allée retrouver son mari; elle est déshonorée!...

Chapelard, *essoufflé*. — Au moment où je rentrais à l'hôtel, on enlevait Yvonne en voiture.

Séraphine, *furieuse*. — Ah! les gueux... Ils me prennent tous mes enfants!... à qui donc maintenant vais-je faire faire pénitence de mes fautes passées!... (*Apercevant son mari*). Ah! gredin... c'est toi qui paieras. (*Elle sonne*). Que l'on serve la morue de M. le baron!...

La toile tombe.

ACTE QUATRIÈME

—

A Auteuil. — Chez Montignac.

Montignac. — C'est décidé, j'enlève ma fille pour la soustraire au couvent ; prenons tous ces papiers sur moi, excepté les lettres de Séraphine, qu'il faut oublier dans le secrétaire pour préparer le dénoûment de la pièce (*ficelle* 311, *renouvelée des* PATTES DE MOUCHE *du même auteur*). Là, ça y est.

Plantrose, *joyeux.* — Ah ! cher Montignac, j'ai enlevé ma femme à ma belle-mère !... Elle est sortie hier de chez sa mère, soi-disant pour aller à l'église, et est venue me retrouver chez moi !... Ah ! quel trésor... et quelle infamie d'envoyer tous les jours à vêpres une femme aussi *accomplie.*

MONTIGNAC. — Tiens, c'est un mot!...

ROBERT, *arrivant essoufflé*. — Mon oncle, Yvonne est enlevée!...

MONTIGNAC. — Je le sais bien, puisqu'elle est ici.

ROBERT. — Ah! que c'est gentil de votre part.

Robert et **Plantrose** *sortent.*

YVONNE. — Cher parrain... comme tu es bon... explique-moi donc comment il se fait que je t'aime plus que papa.

MONTIGNAC. — C'est la voix du sang ; demande ça à M. Dennery, il te l'expliquera. (*Yvonne sort.*)

SÉRAPHINE, *entrant*. — Rendez-moi ma fille, monsieur.

MONTIGNAC. — Des bêtises!...

SÉRAPHINE. — Je vous la reprendrai de force.

MONTIGNAC. — Si vous faites cela, je montre vos lettres.

SÉRAPHINE. — Brigand!.... D'abord, je vous ai trompé, Yvonne n'est pas votre enfant, elle est de mon mari.

MONTIGNAC. — Ah ça! dites donc... est-ce que vous me prenez pour un abonné du *Pays?*...

LE BARON, *arrivant*. — Monsieur... rendez-moi ma fille ; je vous tuerai demain, car tout ça n'est pas clair.

Yvonne sort de sa chambre, Séraphine l'emmène. (*A son mari*). — Allons dîner, monsieur, votre morue vous attend.

La toile tombe.

ACTE CINQUIÈME

Le salon de Séraphine.

Montignac, *à Séraphine.* — Madame!... la situation se complique!... Vos lettres sont tombées entre les mains d'Yvonne.

Séraphine. — Ciel!... Mais elle va tout apprendre!... Comment faire pour lui cacher le reste ?...

Le baron, *arrivant menaçant.* — Ah! enfin, je vous trouve, monsieur; et vous allez m'expliquer pourquoi vous enleviez ma fille; car voilà dix-huit ans que je vous soupçonne... En un mot, vous ne me faites pas l'effet d'un parrain ordinaire!...

Robert. — Monsieur le baron... le coupable, c'est moi. C'est moi qui ai enlevé votre fille que j'aime et dont je vous demande la main.

Le baron. — Vous dire que je n'ai plus de soupçons, non... Mais vu l'heure avancée, et pour ne pas prolonger une situation pénible, j'accepte les faits accomplis.

Montignac, *bas à Yvonne.* — Et mes lettres!...

Yvonne, *éclatant de rire.* — Vos lettres!... Ah! elle est bonne!... Eh bien! vos lettres, je m'en suis servi pour allumer le feu, pensant que c'étaient des obligations des Galions du Vigo!...

Séraphine. — Ouf!...

Montignac. — Je respire...

Yvonne. — Ils gobent ça parfaitement!...

Le baron, *à Séraphine*. — Eh bien! consentez-vous à ce mariage?

Séraphine. — Oui.

Montignac. — Et moi, mes enfants, je pars demain pour la Guadeloupe.

Yvonne, *à part*. — Dieu!... que tous ces gens-là sont idiots!...

Séraphine, *sonnant*. — A partir d'aujourd'hui, tous mes domestiques iront à confesse le samedi et communieront le dimanche; je retiendrai trente-trois pour cent sur leurs appointements pour l'entretien des zouaves pontificaux; mon concierge est compris dans la mesure!... Allez!... (*A part.*) Mon Dieu! acceptez ce sacrifice en expiation de ma faute!...

Un domestique. — La morue de monsieur le baron est servie!...

La toile tombe.

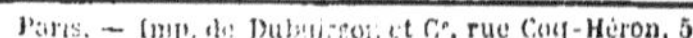

Paris. — Imp. de Dubuisson et Cᵉ, rue Coq-Héron, 5.

EN VENTE PARTOUT

La Livraison : 15 centimes

LE

TROMBINOSCOPE

BIOGRAPHIES SATIRIQUES AVEC PORTRAITS-CHARGES

Texte par TOUCHATOUT

Il paraît une Biographie chaque semaine

VIENT DE PARAITRE

LE PREMIER VOLUME

DU

TROMBINOSCOPE

Un beau volume broché : 10 fr. *(franco de port : 11 fr.)*

Adresser les demandes de réassortiments et de volumes au Bureau de vente du **Trombinoscope**, à l'Administration de *L'ÉCLIPSE*, 16, rue du Croissant, à Paris.

33ᵉ ANNÉE

Le Numéro : 30 centimes

LE

TINTAMARRE

PARAISSANT LE SAMEDI MATIN

Directeur, Rédacteur en Chef : **M. Léon BIENVENU**
Secrétaire-Administrateur : **M. Alfred DELILIA**

PRINCIPAUX RÉDACTEURS

Touchatout — Briollet — Charles Leroy — Maxime Robert Briquet — Delilia

ABONNEMENTS

PARIS		PROVINCE	
Un an..............	16 fr.	Un an..............	18 fr.
Six mois...........	9	Six mois...........	10
Trois mois.........	6	Trois mois.........	7

Bureaux : **151, rue Montmartre**

BIBLIOTHÈQUE DU TINTAMARRE

COURS DE VILLÉGIATURE, par Touchatout.... 2 fr. »» c.
SÉRAPHINE, de V. Sardou   id.   » 25 c.

Sous presse le PARFAIT DUELLISTE

1887 — Paris. — Imp Dubuisson et Cⁱᵉ, rue Coq-Héron, 5.

www.ingramcontent.com/pod-product-compliance
Lightning Source LLC
LaVergne TN
LVHW021501060726
842527LV00006B/2371